Stefan Lesting

Erfolgreich einen Stammtisch gründen

Ohne Risiko zum Erfolg!

Lesting Media

Alle Angaben in diesem Buch beziehen sich auf den Stand bei Drucklegung.

Lesting Media ist ein Verlag
der Lesting Media & Consulting UG
(haftungsbeschränkt)

ISBN: 978-3-948017-00-2

Bibliografische Information der Deutschen Nationalbibliothek Die Deutsche Nationalbibliothek verzeichnet diese Publikation in der Deutschen Nationalbibliografie; detaillierte bibliografische Daten sind im Internet über http://dnb.d-nb.de abrufbar.

Informationen zur Lesting Media & Consulting erhalten Sie auf www.lesting.org. Dort finden Sie auch Informationen rund um die Leistungen, die wir für Sie übernehmen können.

Inhalt

Aufgrund der leichteren Lesbarkeit wurde bei geschlechtsspezifischen Formulierungen nur eine Form gewählt. Selbstverständlich sprechen wir jedoch immer Frauen und Männer in gleicher Weise an.

Vorwort

„Engagierte Menschen sind eine große Bereicherung für unsere Gesellschaft."

Einen Stammtisch zu gründen und regelmäßig durchzuführen, ist etwas ganz Besonderes und ich wünsche dir schon jetzt viel Erfolg bei der Umsetzung deiner Idee! Ganz herzlich möchte ich dir an dieser Stelle danken, denn durch Menschen wie dich verändert sich unsere Welt.

Dein Grundgedanke ist es, einen Stammtisch, ein Meetup oder ein regelmäßiges Format zu gründen und vielleicht bist du dir bisher auch noch ein wenig unsicher, ob du es wirklich durchziehst. Ich glaube, dies ist aber nicht der ganz entscheidende Punkt, obwohl ich mich sehr freuen würde, wenn du es nach dem Lesen dieses Buches tun wirst. Der wichtigste Punkt ist der, dass du dir überlegst oder vielleicht auch nur ein Gefühl hast, dass es einen Ort geben muss, damit sich Menschen vernetzen. Allein dieser Gedanke verändert unsere Gesellschaft, denn du beschäftigst dich damit, nach einem Ort zu suchen oder ihn aufzubauen, wo Menschen miteinander zu aktuellen Entwicklungen ins Gespräch kommen. Dieser Schritt schon wird Diskussionen auslösen, du wirst sicherlich noch Freunde, Bekannte oder Arbeitskollegen um Rat oder Einschätzung bitten und genau dadurch bringst du etwas in Bewegung.

Ich würde mich freuen, wenn du Spaß daran findest. Auch wenn ich viel zu einzelnen Punkten geschrieben habe, lass dich nicht von meinem Hang zur Perfektion abschrecken. Fang klein an, habe Ausdauer, Mut und halte es manchmal einfach aus, dass der Erfolg nicht immer direkt eintritt. Man lernt schließlich schon als Kind, dass noch kein Meister vom Himmel gefallen ist. Und sollte es doch sofort klappen, umso besser, herzlichen Glückwunsch!

Motivation

So unterschiedlich wir Menschen und unsere Themen sind, so unterschiedlich ist auch die Motivation der Stammtisch-Gründer und -Organisatoren. Eine der wichtigsten Fragen, die vor der Gründung geklärt sein muss, ist die persönliche Motivation hinter der Idee, einen Stammtisch zu starten.

Das Wort „**Stammtisch**" nutze ich im Übrigen als übergeordneten Begriff, für die verschiedensten Formate. Er meint daher gleichermaßen das *Meetup*, das *Familiencafé*, den *Polittalk* sowie das regelmäßige „*get together*". Wenngleich die verschiedenen Begriffe für unterschiedliche Programmformate stehen, die später noch ausführlich beschrieben werden, so ist das Ziel aller Veranstaltungen doch immer ein ähnliches: Menschen treffen sich und kommunizieren miteinander.

Aus Teilnehmersicht ist dies leicht zu verstehen, denn da gibt es in der Regel ein Thema oder eine Personengruppe, die mich interessiert und zu der ich gehören will oder zumindest das Gefühl habe, dass ich dazugehören muss. Doch was ist die Motivation des Organisators, einem Stammtisch auf die Beine zu stellen?

Es gibt definitiv verschiedene Sichtweisen auf das Thema und diese sind wertfrei zu verstehen. Die meisten potentiellen Gründer sind sich vorher meist noch im Unklaren über ihre persönliche Motivation, doch ist es meiner Meinung nach sehr zu empfehlen, sich direkt am Anfang darüber Gedanken zu machen, um eine große Frustration zu vermeiden: Gerade am Anfang ist es normal, wenn Dinge nicht sofort klappen.

Eine mögliche Motivation ist zum Beispiel, dass jemand gerne Veranstaltungen organisiert und sich gerne in der Rolle des Organisators und Netzwerkers wiederfindet. Ebenfalls denkbar ist ein ungedeckter Bedarf. Dies tritt unter andere dann auf, wenn jemand in seinem Freundes- und Bekanntenkreis bisher niemanden gefunden hat, mit dem über ein spezielles Thema diskutieren kann und dies nun ändern möchte. Dies könnte zum Beispiel der Weinliebhaber sein, der stundenlang mit Gleichgesinnten über gute und schlechte Weine philosophieren möchte, aber Zuhause oder im Freundeskreis nur Biertrinker kennt. Gleiches gilt für den beruflichen Kontext und die dazugehören Themen. So treffen sich Social-Media-Manager zum Social-Media-Stammtisch oder Geschäftsführer zum Geschäftsführer-Frühstück. Je spezifischer die Themen und Funktionen sind, desto schwieriger ist es, im direkten Umfeld einen passenden und vielleicht auch ehrlichen Austausch dazu zu finden. Abhilfe schafft unter anderem der Zusammenschluss mit Gleichgesinnten in anderen Branchen. Im gleichen Zuge kann sicherlich auch die Motivation nach einem starken beruflichen Netzwerk erwähnt werden. Der strategische und durchdachte Aufbau von Kontakten hilft mittelfristig bei Projekten und der eigenen Karriere. Dabei kann auch der Aufbau eines Stammtisches ein wichtiger Baustein sein, um dieses Netzwerk aktiv zu steuern.

Doch aus welchem Grund ist die Motivation vor der Gründung eines Stammtisches von so entscheidender Rolle? Im Allgemeinen hilft die Motivation dabei, das passende Veranstaltungsformat zu finden, denn die unterschiedlichen Formate sind mit unterschiedlich viel Energie umzusetzen. Kurzum – es handelt sich um pragmatische Überlegungen, die dazu führen sollten zu entscheiden, in welches Format investiert wird. Denn davon ist auch abhängig, auf wie viele Monate und bestenfalls Jahre hinweg dies geplant wird. In jedem Fall bedeutet die Organisation eines Stammtisches viel Arbeitseinsatz und einmalige Initiativen stehen in der Regel nicht im Verhältnis von Zeit und Kraft, die für ein funktionierendes Format investiert werden müssen. Es gibt viel zu entscheiden und zu lernen, so dass es einiges an Ausdauer braucht, damit es funktioniert. Doch es lohnt sich und viele Teilnehmer werden ihren Dank auch später aussprechen.

Die meisten Veranstaltungsformate eignen sich im Übrigen nicht dafür, direkten Umsatz oder einen monetären Gewinn daraus zu ziehen. Die Formate, die hier vorgestellt werden, sind vor allem im gesellschaftlich-sozialen Kontext zu sehen. Dies schließt eine spätere Monetarisierung, zum Beispiel durch neue Kontakte, die zu Geschäftskontakten werden, nicht aus, doch mit diesem Ansatz alle Entscheidungen zu treffen, macht die Planung zugegebenermaßen sehr schwer.

Das, was hier wie ein Widerspruch aussieht, ist nicht unbedingt einer, denn solange du nicht Veranstaltungsmanager werden willst, gibt es genug Potential, neue Geschäfte durch die Treffen anzustoßen. Doch sei hier davor gewarnt, dass Teilnehmer es regelrecht riechen, wenn jemand sich nur engagiert, um am Ende Geld zu machen. Viel erfolgreicher ist dagegen das Modell, sich für eine Sache einzusetzen, um diese nach vorne zu bringen und die neuen Kontakte positiv für sich zu nutzen. So entstehen plötzlich Freundschaften oder ein spannender Kontakt, der sich erst viel später auch als guter Geschäftskontakt entpuppt. Hier spielt deine Authentizität eine wichtige Rolle und du wirkst überzeugender, wenn du mit einem natürlichen Enthusiasmus an das Projekt gehst.

Die Perspektive des Geldes sollte jeder Veranstalter in seinen ersten Überlegungen beiseiteschieben, da dadurch schnell der Fokus auf die wesentlichen Erfolgskonzepte eines guten Stammtisches verloren geht. Ein guter Stammtisch kann ohne Startkapital, dafür aber mit ausreichend Arbeitseinsatz, realisiert werden.

An dieser Stelle müssen sich Stammtisch-Gründer erst einmal darüber Gedanken machen, bei welchen Veranstaltungen sie selbst gerne dabei wären? Dabei kommen schnell Veranstaltungen in den Sinn, bei denen viel gelacht wurde, die Teilnehmer ein ähnliches Vokabular genutzt haben und vielleicht sogar einen ähnlichen Kleidungsstil bei der Veranstaltung gewählt haben. Anwälte im Sakko und Landwirte im Wollkragenpulli funktioniert eben genauso wenig, wie der Damenhut für die Pferderennbahn beim Stricktreff.

Dies sind zwar Äußerlichkeiten, dennoch sind diese absolut hilfreich dafür, sich ein Bild davon zu machen, was erreicht werden soll und kann. Es klingt vielleicht ein wenig konstruiert, doch hilft es für die weiteren Planungen oftmals, einmal die Augen zu schließen und darüber nachzudenken, welchen Menschen man später gegenübersitzen möchte. Welche Themen möchte ich besprechen? Suche ich nach Diskussionen und Entwicklung oder nach Verständnis und Übereinstimmung?

Ich hoffe sehr, dass die Menschen, die du gerade vor deinem inneren Auge siehst, ein Lächeln auf dem Gesicht haben, wenn du sie begrüßt und dieses selbstverständlich auch am Ende der Veranstaltung beibehalten.

Genau für diese Situationen wirst du dich einsetzen. Dieses Lächeln, in einer für dich und die Gäste angenehmen Atmosphäre, sollte deine erste Motivation werden, denn dann wird die Veranstaltung ein absoluter Erfolg.

Formate

Es gibt eine Vielzahl von Formaten und ich empfehle dir: Schau dich einmal in deiner Gegend um und informiere dich, welche Veranstaltungen in deiner Nachbarschaft bereits stattfinden. Wenn du einen Überblick über dein Nahumfeld hast, dann hilft der Blick darüber hinaus auch noch in die nächstgelegenen Städte und in andere Branchen. Diesen ersten Blick bezeichnet man als Markanalyse und er soll dir helfen, eine Nische für dich und dein Vorhaben zu finden oder auch um festzustellen, dass es schon ähnliche Veranstaltungen gibt. Sollte dem so sein, ist das aber kein Grund für Verzweiflung. Stattdessen kannst du dir einmal Gedanken darüber machen, die Organisatoren zu fragen, ob du mitmachen kannst. In vielen Fällen sind diese sehr dankbar über weitere Unterstützung.

Gerne empfehle ich dir, als Gast an unterschiedlichen, schon bestehenden Veranstaltungen vorab teilzunehmen. Am besten wählst du dir dafür Formate aus, die schon mindestens ein halbes Jahr regelmäßig durchgeführt wurden. Die positiven Merkmale schreibe dir auf – diese kannst du dann in dein eigenes Veranstaltungsformat übernehmen. Manche Dinge hingegen wirst du einfach anders machen müssen, damit es für deine Zielgruppe und deinen Ort passt. Deshalb konzentriere dich bei deiner Recherche auch auf mehrere unterschiedliche Veranstaltungen und Formate. Wichtig ist dabei ebenfalls, dass du dir neben den guten Erfahrungen auch die negativen merkst. Nutze diese Erkenntnisse, um selbst nicht die gleichen Fehler zu machen, sondern um es einfach besser zu machen. Oft sind es Kleinigkeiten, die am Ende nicht stimmig waren und die einfach zu lösen sind. So erlebe ich es immer persönlich als sehr unangenehm, in einer Kneipe zu sitzen und auf dem Tisch stehen eine Fülle von Speisekarten und Sonderkarten aufrecht und verhindern ein freies Blickfeld. Dieses Problem lässt sich einfach lösen, indem man am Anfang oder spätestens nach der Bestellung die Karten einfach einsammelt und am Ende des Tisches flach hinlegt oder auf die nächste Fensterbank stellt.

Stammtisch klassisch

Der klassische Stammtisch findet in der Kneipe, dem Wirtshaus oder einem Brauhaus statt. Ein weiteres Merkmal dieser Art von Stammtisch ist, dass sich in der Regel immer die gleichen Leute treffen und das über Jahre hinweg, ohne dass eine große Fluktuation entsteht.

Man kennt sich, man weiß sich zu schätzen und man weiß auch, was einem an den Mitgliedern des Stammtisches nicht so gefällt. Doch in Summe macht es Freude, sich immer wieder darauf einzulassen. Ziel der Treffen ist, soziale Kontakte in einer bestimmten Gruppe zu pflegen.

Neben dem Format des Quatschens in der Kneipe, findest du dies auch bei Kegelgruppen oder Kartenclubs wieder. Das Prinzip ist ähnlich und wird nur dadurch ergänzt, dass neben Essen und Trinken auch eine Aktivität wie dem Kegeln oder dem Karten spielen ausgeübt wird.

Stammtisch thematisch

Der thematische Stammtisch unterscheidet sich vom klassischen Stammtisch vor allem dadurch, dass mehr auf ein inhaltliches Thema geschaut wird. Dies können politische Diskussionen sein, aber eben auch Themen wie „New Work", „Social Media" oder alles rund um das Thema „Schule und Lehre". Letzteres wäre dann vielleicht ein Lehrerstammtisch, bei dem sich regelmäßig Lehrer einer Schule zusammensetzen, um über aktuelle Entwicklungen im informellen Rahmen zu sprechen.

Ein wichtiges Merkmal dieser Art von Stammtisch ist auch in einem gewissen Rahmen die Offenheit neuen Personen gegenüber. Es gibt immer Stammgäste, doch ist es meist durchaus gewünscht, neue Mitglieder und Gäste bei dem Stammtisch zu begrüßen.

Thematische Stammtische finden im Übrigen oftmals mittags oder am frühen Abend statt, häufig auch an Werktagen. Hier wird oft zwischen klassischen Arbeitstagen und dem Wochenende unterschieden.

Meetup

Ein Meetup beschreibt eine Art Stammtisch, der ein festgelegtes Thema hat. Anders umschrieben ist ein Meetup ein Treffen – oftmals von Arbeitnehmern unterschiedlicher Firmen – die in gleichen oder ähnlichen Positionen arbeiten und sich thematisch Input holen und einen produktiven Austausch suchen.

Im Gegensatz zum Stammtisch gibt es beim Meetup aus diesem Grund ein festes Programm, meist stellen ein bis zwei Personen ihre Projekte oder Ideen vor. Dies geschieht mittels einer kurzen Präsentation, die 20 bis 25 Minuten nicht überschreitet und wobei im Anschluss die Möglichkeit für Fragen besteht. Bei manchen Meetups wird auch auf deutlich kürzere Präsentationszeiten wert gelegt.

Die Herausforderung von Meetups liegt vor allem darin, immer wieder neue spannende Themen oder Projekte ausfindig zu machen und Menschen für Kurzpräsentationen zu gewinnen. Damit sich der Arbeitsaufwand in Grenzen hält, finden Meetups oftmals in Verbindung mit Unternehmenskooperationen statt. Eine Firma darf ihr Produkt vorstellen und stellt dabei den Raum, Getränke und manchmal auch Verpflegung zur Verfügung. Damit es keinen zu werblichen Charakter bekommt, werden die Unternehmen dann dazu motiviert, einen fachlichen Teilaspekt oder allgemeine Erfahrungen exemplarisch vorzustellen und so auf sich aufmerksam zu machen. Hinzu kommt, dass es oft auch noch einen zweiten Vortrag als Kontrast gibt, der den Teilnehmern das Gefühl geben soll, nicht nur in einer Verkaufsshow gelandet zu sein. Unterhaltung und Verkauf werden somit sinnvoll und ansprechend vereint.

Je nach Ausführung ist ein Meetup sehr intensiv in der Vorbereitung, da immer wieder neue Kooperationen für Räume und Projekte gefunden werden müssen. Trotzdem lohnen sich Meetups ganz besonders für Teilnehmer, die gerne in ihrem Themenbereich einen Austausch suchen. Doch auch für den Organisator kann es sich lohnen: Er kann durch die Kooperationen mit Unternehmen verschiedene Kontakte knüpfen, ohne aufdringlich zu wirken – immerhin sind die Gäste ja freiwillig erschienen.

Lean-Coffee

Das Lean-Coffee ist ein sehr durchgetaktetes Format und wird in den letzten Jahren immer häufiger auch in Deutschland angeboten. Dabei greift das Lean-Coffee den Trend nach agilen Arbeitsformen auf und bringt diese in ein einstündiges Austauschformat.

Zeit ist eines der wichtigsten Güter und die effiziente Nutzung dieser braucht schnelle und unkomplizierte Entscheidungswege. Gerade Informatiker kennen die vielen kleinen Bausteine und damit verbundene Optionen und Entscheidungen. Bisher spricht das Lean-Coffee vor allem Menschen in diesem Bereich an, wobei das Format auch auf andere Branchen und Themen übertragen werden kann.

Im Mittelpunkt steht entsprechend die Zeit, die sich die Teilnehmer – oftmals an einem Werktag, morgens um 8 oder 8.30 Uhr – nehmen, um noch vor der eigentlichen Arbeit ins Gespräch zu kommen. Wie bei anderen Formaten steht auch bei dieser Veranstaltung ein bestimmtes Thema im Vordergrund und so wird diese dann auch betitelt. Lean-Coffee für Product-Owner, Entwickler oder Geschäftsführer, zeigt dabei den Adressatenkreis sehr klar schon in der Ausschreibung auf.

Am Beginn der Veranstaltung gibt es eine super schnelle Vorstellungsrunde, um danach aktuelle Themen zu sammeln, über die gesprochen werden soll. Ein kurzes Votum entscheidet dann über die Reihenfolge und los geht es mit kurzen fünf-Minuten-Einheiten und einem festen Regelwerk, wie die Stunde gefüllt wird.

Am Ende werden aus Gästen und Interessierten schnell Teilnehmer und Mitwirkende. An dieser Stelle kann somit schnell eine Parallele zu anderen Formaten gefunden werden, die unter dem Begriff „Un-Konferenzen" beschrieben werden.

Das Positive beim Lean-Coffee ist der geringe Bedarf an Vorbereitung und Material. Kaffee, ein wenig Wasser und ein Raum mit zehn bis 15 Plätzen sollte ausreichen. Die Profis verwenden zum Anzeigen der verstrichenen Zeit eine sogenannte Time-Box-Uhr, doch es reicht für den Anfang natürlich auch das Smartphone mit einem Timer. Weitere Alternativen sind unzählige Webseiten, die einen Countdown visualisieren oder auch YouTube-Videos.

Mütter-, Väter- oder Elterncafé

Bei Elterncafés, egal ob geschlechtsspezifisch oder geschlechtsübergreifend, steht vor allem die Frage im Raum, ob die Treffen mit oder ohne Kinder stattfinden. Es gibt für beide Varianten berechtigte Zeitpunkte im Leben. Gerade wenn die Kinder noch nicht im Kindergarten oder bei der Tagesmutter sind, so sind sie oft mit dabei. Die Treffen werden mit einem Spielplatzbesuch oder einem Waldspaziergang verbunden. Die ganz Sportlichen finden sich eventuell sonst auch beim Buggy-Lauftreff wieder und die Wasserfreunde beim Babyschwimmen. Gerade wenn Kinder mit dabei sind, so ist schon ein längerer Trend zu beobachten, dass es für diese Art von Netzwerktreffen eine stetige Kommerzialisierung gibt. Dienstleister übernehmen wie selbstverständlich durch ihre selbstverständlich kostenpflichtigen Angebote die Organisation der Freizeitaktivitäten. Viele Angebote sind sicherlich gut, doch möchte ich anregen auch darüber nachzudenken, ob die Treffen nicht auch ehrenamtlich in einer Gruppe organisiert werden können.

Eine weitere Form von Elterncafés gibt es oftmals, wenn die Kinder aus dem Gröbsten raus sind: Der lockere Austausch mit anderen Eltern steht dabei im Vordergrund oder die bewusste Auszeit von Kindern und allen Themen, die damit zu tun haben. In diesem Fall ist es nicht ungewöhnlich, das Elterncafé in die Abendstunden zu verlegen.

Selbsthilfegruppen

Ein Teil von Selbsthilfegruppen fällt in Form und Organisationsweise ebenfalls in die Kategorie von Stammtischen hinein. Das besondere Merkmal der Teilnehmer ist, dass sich Menschen in gleichen Lebenslagen treffen. Dieser Charakter findet sich bei jedem thematischen Stammtisch wieder. Nur das Ziel der gegenseitigen Bestärkung ist sicherlich in dieser Form des Zusammentreffens und teilweise auch die sehr festgelegte Form des Ablaufs anders ausgeprägt.

Club-Abend

Viele Vereine und Gesellschaften führen Club-Abende neben den eigentlichen Vereinsaktivitäten durch. Mit Vereinen sind Sportvereine ebenso wie der Kleingärtnerverein gemeint. Vorausgesetzt wird hier eine Mitgliedschaft, um Teil des Vereins zu sein. Neben den alltäglichen Vereinsaktivitäten wie der sportlichen Ertüchtigung stellen die Club-Abende das gesellige Miteinander in den Vordergrund. Diese Form von Stammtisch ist oftmals gerade für Interessierte, die kein Mitglied sind, Chance und Barriere zugleich. Zum einen besteht hier die Möglichkeit Menschen abseits von der „Routine" kennenzulernen, doch gleichwohl hat jeder Verein einen eigenen Mikrokosmos, der sich Fremden schwer erschließt.

Veranstaltungsstammtisch

Der Stammtisch im Rahmen von Veranstaltungen wie Kongressen und größeren Events ist eine gute Alternative zu lokalen regelmäßigen Veranstaltungen. Dabei steht vor allem der lockere Austausch im Vordergrund, der Menschen aus ganz unterschiedlichen Regionen zusammenbringt.

Ein wichtiger Vorteil des Stammtisches im Rahmen einer größeren Veranstaltung besteht darin, dass hier Menschen zusammenkommen, die sich auf Grund der Entfernung nicht so häufig sehen können. Die Schwierigkeit bei dieser Art von Stammtisch liegt vor allem in der Konkurrenz zum Kongressprogramm in der du mit deiner Veranstaltung tritts. Umso wichtiger ist es deshalb, das bestehende Programm genau zu analysieren und eine für den Teilnehmer passende Lücke zu finden. So kann gezielt eine interessante Alternative geboten werden.

Dies gelingt oftmals, wenn die Stammtischorganisatoren nicht zu groß planen und sich an den Bedürfnissen der Veranstaltungsteilnehmer orientieren.

Hier sind insbesondere drei wesentliche Faktoren aufzuführen: Ein erster Faktor ist die Zeit und so bietet es sich an, eine Mittags- oder Abendveranstaltung zu organisieren. Gerade nach einem langen Veranstaltungstag oder als Pause zwischendurch, wollen die Menschen runter vom Kongressgelände, in der Regel an einen Ort, der ruhiger ist. Genau dies ist auch der zweite wichtige Faktor der dazu beiträgt, dass dein Vorhaben gelingen kann: Ein Ort muss her, der das Bedürfnis nach einem kühlen Getränk und einem preislich angemessenen Abendessen befriedigt und am besten noch in Reichweite zur Unterkunft liegt. Der dritte Faktor betrifft die Stammtischgröße. Zu groß darf die Veranstaltung nicht werden, da ein lockerer Austausch dann nach einem stressigen Tag kaum noch möglich ist. Ebenfalls hilft es, bei der Gästeliste im Vorfeld darauf zu schauen, dass gegebenenfalls auch der ein oder andere Promi aus der Branche zumindest kurz „Hallo“ sagt. Dies wird oft sogar gern getan, da besagte Personen nach ihren Vorträgen oft keine Energie mehr auf große Empfänge oder Unternehmeressen der Sponsoren oder Veranstalter haben. Der gebotene Kontrast und das „einfach mal da sein dürfen“ ist für nicht wenige ein Anreiz trotzdem vorbeizukommen.

Ort und Uhrzeit

Einen passenden Ort und die passende Uhrzeit zu finden ist eine der Aufgaben, denen man sich im Vorfeld stellen muss, bevor es losgehen kann.

Uhrzeit

Um die passende Zeit zu finden gibt es mehrere Leitfragen, an denen du dich orientieren kannst:

Richtet sich das Treffen an bestimmte Gruppen, um über sozial geprägte, kurzum private Themen zu sprechen?

Dies kann der Austausch von jungen Müttern oder Vätern sein, ebenso ein Treffen mit Menschen, um über gesunde Ernährung zu sprechen oder ein Ort, an dem Singles neue Kontakte knüpfen können. Auch Aktivitäten, wie zum Beispiel das Debattieren üben, sind möglich. Bei diesen Gruppen stellt sich die gleiche Frage und zwar Wann hat diese Personengruppe am meisten Zeit für deine Veranstaltung?

Ist es am Morgen, wenn die Kinder im Kindergarten sind oder doch eher abends wenn der Partner auf die Kinder aufpasst? Vielleicht ist es aber auch der Samstagnachmittag oder der Sonntagabend.

Soll bei dem Treffen Inhalt vermittelt werden oder steht der lockere informelle Austausch im Vordergrund?

Wenn es sich um einen informellen Austausch ohne strukturierte Fachvorträge handelt, bedeutet das oftmals, dass ein Abendtermin die beste Wahl ist. Damit sind dann nur noch Dienstag oder Mittwoch im Rennen. Am Donnerstagabend fahren viele Pendler aus der Stadt zu ihren Familien, damit sie am Freitag aus dem Homeoffice arbeiten können.

Im Fall von strukturierten Formaten im geschäftlichen Rahmen bieten sich vor allem Veranstaltungen früh morgens an. Diese starten dann zwischen 7 und 9 Uhr. Hintergrund ist einfach der, dass der Arbeitstag damit nicht einschränkt wird und man spätestens um 10 Uhr am Schreibtisch sitzt und seinen Routinen nachgehen kann.

Haben die Teilnehmer ein berufliches Interesse, an der Veranstaltung teilzunehmen?

Damit sind vor allem Netzwerktreffen gemeint, die dazu genutzt werden, sich fachlich auszutauschen oder eventuell auch neue Geschäftspartner zu finden. Falls du die Frage mit ja beantworten kannst, bleiben die Wochentage Dienstag, Mittwoch und Donnerstag übrig. Dies liegt daran, dass montags und freitags viele Berufstätige im Homeoffice arbeiten. Daneben gibt es an Montagen und Freitagen bei vielen Menschen Frust und Resignation vor dem Aufgabenberg, der zu erledigen ist oder an dem man gar scheitert.

Ort

Die Uhrzeit oder ein Zeitfenster sind gewählt, nun fehlt nur noch der Ort. Sobald eine Veranstaltung offen ausgeschrieben wird, wird dringend empfohlen, die Veranstaltung auch im öffentlichen Raum wie einem Café, Wirtshaus oder in Räumen eines Unternehmens stattfinden zu lassen. Du kannst dir nie ganz sicher sein, wer am Ende des Tages deine Gäste sind und die Organisation ist um Längen einfacher, wenn du auf eine vorhandene Infrastruktur zurückgreifst.

Rund um das Thema Ort brauchst du dir nicht so ganz viele Gedanken zu machen, solange du dir offen hältst, den Ort bei einer Fortsetzung der Veranstaltung zu wechseln.

Wichtig ist, dass er für deine Zielgruppe gut angebunden ist. Öffentliche Verkehrsmittel müssen erreichbar sein und fahren, insbesondere dann, wenn ein oder zwei Bierchen getrunken werden sollen. Ausreichend Parkplätze müssen vorhanden sein, vor allem, wenn der Termin ländlich stattfindet oder zum Beispiel Eltern mit Kindern sowie Kinderwagen anreisen. Hier spielt die Barrierefreiheit eine wichtige Rolle.

Eine Bemerkung sei an dieser Stelle zum Thema Treffen bei Unternehmen noch erwähnt: Die Herausforderung liegt hier vor allem darin, dass das Unternehmen bei dem ihr zu Gast seid, nicht die ganze Veranstaltung sprengt. Das bedeutet, der Geschäftsführer darf keine zwei Stunden Reden schwingen, wenn dies nicht eurem Veranstaltungskonzept entspricht. Die Kooperation mit Unternehmen funktioniert entsprechend nur, wenn du dein Veranstaltungskonzept durchführen darfst. Das darin auch die kurze Begrüßung eines Unternehmensvertreters vorgesehen ist, lässt sich sicherlich unkompliziert einbauen.

Reservierung

Je nach Ort ist die Reservierung einfach zu erledigen. In vielen Gaststätten reicht ein kurzer Anruf und der Gruppenname, Größe und Ansprechpartner werden notiert. Alternativ können in einer E-Mail direkt schon Informationen mitgegeben werden. Für das Restaurant hilfreich sind darüber hinaus Angaben, dass an dem Abend zum Beispiel Selbstzahler kommen und das a la Carte gespeist wird. Doch der Kontakt via E-Mail stellt in vielen Gaststätten hingegen heute dennoch immer noch als großes Problem dar, wenngleich dies für den Organisator einfacher ist. Das Problem liegt darin, dass die Gaststätten sich nicht vernünftig um ihr digitales Postfach kümmern und sämtliche Reservierungen oft über ein dickes Reservierungsbuch in Papierform gelöst werden.

In manchen Fällen und gerade bei Gruppen über 20 Personen, ist der Trend zu beobachten, dass der Organisator eine ganze Bankettmappe ausfüllen muss.

Ehrlich gesagt macht dies keinen Spaß und frisst unheimlich Zeit. Um dies zu umgehen hilft nur die Gruppe kleiner zu halten oder sich ein Lokal suchen, in dem dies lockerer gesehen wird.

Häufigkeit

Wie häufig du deine Veranstaltung durchführst, ist selbstverständlich dir überlassen, doch gibt es mehrere ungeschriebene Regeln, die du beachten kannst und meiner Meinung nach auch solltest:

1. Deine Veranstaltung muss in einer gewissen Regelmäßigkeit stattfinden. Du brauchst entsprechend einen Rhythmus, auf den sich die Teilnehmer einstellen können.

2. Gute Rhythmen sind monatlich oder alle zwei Wochen. In Ausnahmen und bei größeren Events auch einmal im Quartal. Gerade Veranstaltungen, die einmal im Monat stattfinden sind sehr beliebt, da diese besonders gut planbar sind.

3. Es ist hilfreich, sich immer grob an einer Woche und einem Wochentag im Monat zu orientieren. Zum Beispiel der 2. Mittwoch im Monat. Dies ist einprägsam für alle Teilnehmer und Stammgäste.

4. Bestimmte Formate, wie zum Beispiel das Lean-Coffee oder Frühstückstreffen, können auch jede Woche oder alle zwei Wochen durchgeführt werden. Hier steht der praktische Nutzen im Vordergrund und Arbeitnehmer können die Veranstaltung, je nach Funktion im Unternehmen, als Arbeitszeit geltend machen.

Neben der Regelmäßigkeit gibt es auch immer wieder Situationen, die Ausnahmen benötigen, wie Feiertage oder Branchentreffen. Vor Feiertagen ist es besser, das Treffen um eine Woche zu verschieben. Gleiches gilt für Wochen, wo zum Beispiel große Fachmessen sind. In dieser Zeit ist es unheimlich schwer, Menschen zusätzlich noch für einen Stammtisch zu begeistern.

Zuletzt sollte man noch auf regionale Unterschiede achten. In Köln und in Karnevalshochburgen brauchst du nicht auf die Idee zu kommen, einen normalen Stammtisch in den zwei Wochen vor oder während der Karnevalswoche anzubieten. Hier haben die potentiellen Teilnehmer oftmals einmalige Veranstaltungen, wie Karnevalssitzungen oder ähnliches. Es ergibt somit mehr Sinn, mit zwei oder drei guten Kontakten, die du bei deiner Veranstaltung kennengelernt hast, ganz gezielt im kleinen Kreis eine Karnevalsveranstaltung zu besuchen.

Unabhängig von der Region ist die Adventszeit keine gute Zeit für Treffen. Im Zeitraum vor Weihnachten sind viele Menschen mit Freunden, Familie und auch Arbeitskollegen zu verschiedenen Anlässen eingeladen und es werden weniger offene Formate besucht. In der Vergangenheit hat sich für meine Veranstaltungen bewährt, diese im Dezember ausfallen zu lassen. An Stelle dessen wurden dafür dann nicht offene Formate mit dem sogenannten harten Kern und Personen durchgeführt: Hier stand die persönliche Einladung im Vordergrund und es wurde offen über Teilnahme oder eben Verhinderung gesprochen. Diese Lösung war insgesamt sehr positiv, da hier, zum einen durch die noch einmal reduzierten Teilnehmer und zum anderen dadurch, dass hier vor allem vertraute Gesichter zu sehen waren, noch einmal intensiver miteinander gesprochen und diskutiert wurde.

Hier noch einmal eine kurze Übersicht:

- Regelmäßigkeit: einmal im Monat, alle zwei Wochen oder ähnliche Rhythmen
- Ausnahmen: Weihnachten, Ostern, Karneval, lange Wochenenden und weitere Feiertage

Zeitplan

04 Wochen vor der Veranstaltung

Ankündigung in Facebook-Gruppe, Newsletter, Xing etc. veröffentlichen.

02 Wochen vor der Veranstaltung

Anmeldung zur Veranstaltung z. B. auf Eventbrite öffnen.

01 Woche vor der Veranstaltung

Auf Restplätze hinweisen, sofern noch welche vorhanden sind.

Mitstreiter

Wer ist Organisator und wer ist Mitstreiter? Eine Frage, die ganz nüchtern am Anfang einer jeden Projektinitiative geklärt werden sollte, aber so gut wie nie geklärt wird. Eigentlich ist es traurig, dass sowenig über die unterschiedlichen Rollen bei einem Stammtisch gesprochen wird, denn oftmals führt dies zum größten Konflikt und nicht selten auch zu einem Bruch nach einiger Zeit.

Oft wird bei Veranstaltungen wie Stammtischen darauf vertraut, dass die Menschen sich schon verstehen und es gibt auch viele Gruppen, wo dies der Fall ist. Doch musst du auch bedenken, dass jeder Mensch andere Talente mitbringt und sich in unterschiedlichem Tempo weiterentwickelt. Damit es nicht zu einem unschönen Bruch kommt, solltest du für dich selbst zumindest klar haben, was für Mitstreiter du benötigst. Grundsätzlich bin ich an dieser Stelle für eine sehr hierarchisch geprägte Spitze im Organisationsteam. Dies bedeutet allerdings nicht, dass es hier um die Ausübung von Macht gehen darf, sondern darum, Missverständnisse bei Entscheidungen zu klären und dabei stets der Erwartungshaltung der Teilnehmer zu entsprechen. Nichts ist ärgerlicher, als der Fall, dass die Organisatoren sich am Ende wegen Nichtigkeiten in den Haaren liegen und vielleicht sogar vor den Teilnehmern ihren Disput austragen. Hier gilt es professionell zu sein und einen klar definierten Weg zu bestreiten.

Bei der Suche nach Mitstreitern sollte dies Thema der Hierarchie und Organisationsform entsprechend direkt angesprochen werden. Ich empfehle darüber hinaus direkt ein Intervall, wie z. B. ein halbes Jahr, fest zu vereinbaren, um über Prozesse und Rollen zu sprechen. Dies sind im besten Fall sehr kurze Absprachen, doch es bietet für alle Beteiligten einen Mehrwert, einen fest vereinbarten Raum für Kritik und Diskussion zu haben.

Bei der Frage deiner Mitstreiter ist es immer hilfreich, am Anfang auf Personen zu setzen, die sich mit deiner Idee identifizieren und darin eine spannende Herausforderung oder Motivation sehen. Blindlings Leute auf der Arbeit oder im Freundes- und Bekanntenkreis einzusammeln ist damit nicht gemeint. Ebenso wenig solltest du auf den Praktikanten setzen, der sich nur kurzfristig für deine Idee motivieren lässt. Gehe mit den Menschen um dich herum ins Gespräch, nachdem du den Unterstützungsbedarf für dich selbst definiert hast. Hilfreich ist es an dieser Stelle, den ersten Termin festgelegt zu haben, denn je konkreter deine Anfrage ist, umso schneller bekommst du Hilfe.

Wen du als Unterstützer und Helfer benötigst, kannst du an Hand deiner eigenen Talente bestimmen oder du gehst von den für deine Veranstaltung notwendigen Prozessen aus. Die Hauptfrage lautet dabei: Was für Mistreiter benötigt dein Format?

Fotograf

Gleichwohl das Thema Fotos für viele im Zeitalter von Selfies und vielen Timelines zum Alltag dazugehört, so braucht eine gute Veranstaltung immer ein Erinnerungsfoto. Genau für diesen Part ist es gut, wenn ein Helfer dies und ebenfalls die Aufgabe übernimmt, das

Foto zu koordinieren und auch das Foto zu machen. Der Fotograf sollte dabei darauf achten, dass alle in die Kamera sehen und er sollte klare Anweisungen geben.

Social Media

Zu fast jeder Veranstaltung gehört mittlerweile eine Facebook oder WhatsApp-Gruppe, ein Newsletter oder eine Xing-Gruppe. Dort aufkommende Fragen sollten schnell und auch konsequent im Sinne der Veranstaltung beantwortet werden. Es ist hilfreich, wenn hier eine oder mehrere Personen sich drum kümmern. Auch Hinweise auf die nächsten Veranstaltungen kann das Social Media Team veröffentlichen.

Anmeldekoordinator

In vielen Fällen wird selbst bei lockeren Zusammenkünften eine An- bzw. Abmeldung erwünscht, um die Verbindlichkeit zu erhöhen und damit auch die Durchführung der Veranstaltung zu sichern. Damit der Anmeldeprozess rechtzeitig und transparent abläuft, aber auch kurzfristige Abmeldungen möglich sind, bietet sich es an, das Verfahren bei einer Person zu bündeln. Der Anmeldekoordinator kümmert sich um den Prozess, die Teilnehmerliste und hakt bei Personen nach, die ohne Abmeldung gefehlt haben.

Zusammenarbeit mit Perspektive

Sobald du ein Team zusammenstellst, das gemeinsam den Stammtisch organisiert, solltet ihr euch am besten auf ein kleines Regelwerk mit ein paar Vereinbarungen einigen. Dies scheint zwar auf den ersten Blick unnötig, doch hilft es später im gemeinsamen Miteinander auseinanderzugehen, wenn es mal nicht funktioniert. Gerade wenn jemand zum Beispiel Texte für die Homepage verfasst, eine Facebook-Gruppe erstellt oder eine Domain registriert, so sollte geregelt sein, was mit Ausscheiden der Person mit dem jeweiligen Werk passiert.

Nichts ist ärgerlicher, wenn Name, Logo oder Domain bei einem Streit nicht weiter genutzt werden können und das Team in einer Zeit der Reorganisation der Aufgaben auch noch mit so wichtigen Dingen auseinandersetzen muss.

Dieses Regelwerk muss nicht juristisch aufgesetzt werden, doch eine kurzes Selbstbild oder ein DinA4-Blatt mit den wichtigsten Absprachen sollte schon verfasst werden. Da dies auch schon wieder Arbeit ist, kannst du dies Thema auch auf einen späteren Zeitpunkt verlagern. Wichtig ist dabei nur, dass du von Anfang an diesen Zeitpunkt benennst, damit Klarheit darüber herrscht, dass es noch was zu klären gibt. Typischerweise setzt man sich als Team jedes halbe Jahr einmal kurz auf einen Kaffee zusammen und bei einem Rück- und Ausblick lässt sich das sicherlich schnell regeln.

Kritische Punkte im Überblick

- Rechte am Namen und Logo
- Admin-Rechte in Gruppen wie Facebook, WhatsApp oder für die Homepage
- Admin-Rechte z. B. bei Eventbrite (Anmeldeportal)

Finanzierung

Die einfachste Form deiner Veranstaltung ist ein lockerer Stammtisch im Café oder im Wirtshaus, bei dem jeder seine Bestellungen selbst bezahlt. In dieser Form benötigst du keinerlei finanzielle Mittel, sondern die Investition liegt allein in der eingebrachten Zeit für Organisation, Absprachen, Werbung und natürlich bei dem Treffen selbst.

Grundsätzlich lohnen sich die meisten Veranstaltungsformate nicht finanziell, so dass du dir damit kein neues Gewerbe durch die Veranstaltungsorganisation aufbauen kannst. Trotzdem gibt es Fälle, in denen das Selbstzahlermodell nicht funktioniert. In diesem Fall wird oft mit einfachen Sponsoringmodellen gearbeitet und jeder Sponsor erhält einen Status. Die häufigste Klassifizierung ist Bronze, Silber und Gold-Sponsoren, die ihren Status durch eine entsprechende finanzielle Beteiligung abhängig von der Höhe des Sponsoring-Betrags erhalten. Dabei gibt es meist nur einen Gold-Sponsor, jedoch mehrere Silber-Sponsoren und viele Bronze-Sponsoren, abhängig von dem Paket, das gekauft wird. In manchen Fällen gibt es neben diesen drei Kategorien ebenfalls noch Partnerschaften. Darunter fallen dann zum Beispiel Medienpartnerschaften mit Tageszeitungen oder Verlagshäusern, die auf die Veranstaltung in ihren Medien aufmerksam machen und darüber berichten.

Beim Sponsoring gibt es aber mehrere Fallstricke zu beachten und zu klären, denn es sind auch steuerrechtliche Fragen zu berücksichtigen. So funktioniert Sponsoring heutzutage in der Regel nur, wenn du eine Firma bzw. einen Verein hast, der als Empfänger das

Geld entgegennehmen kann (auf Rechnung, gegen Spendenbescheinigung oder durch eine Erklärung des Sponsors, Verpflegung und Räumlichkeiten komplett zu übernehmen). Dieses Thema ist damit leider noch nicht abschließend abgegolten, sollte dir aber dennoch einen ersten Einblick in die damit verbundenen Problematiken und Herausforderungen geben.

Ein weiteres Modell ist der Mitglieds- oder Teilnahmebeitrag. Bei beiden dieser Modelle ist relativ schnell eine rechtliche Absicherung notwendig, sei es durch einen Verein oder ein Unternehmen. Hier solltest du dich zum Thema Vereinsgründung, Gründung einer GbR oder auch die rechtlichen Probleme eines nicht eingetragenen Vereins informieren.

Sponsoring

Eine Veranstaltung durch ein Sponsoring zu refinanzieren ist einfacher gesagt als getan mit einer Ausnahme: Du hast selbst Zugriff auf Budgets, die dafür verwendet werden können.

Die größte Herausforderung ist es, Sponsoren zu finden und sie davon zu überzeugen, in deine Veranstaltung zu investieren. Gerade am Anfang haben viele Unternehmen eine gesunde Skepsis gegenüber neuen Formaten, da sie nicht wissen, welches Risiko sie beim Sponsoring eingehen beziehungsweise ob sich aus dem Sponsoring der gewollte Nutzen ergibt. Dies ist auch der kritischste Punkt, der sich neben einer ersten Ansprache und später auch einer intensiven Betreuung für dich ergibt. Du musst klären, welchen Nutzen das jeweilige Unternehmen durch ein Sponsoring haben kann. Dies geschieht in einer konkreten Anfrage, die aber schon gut vorbereitet sein sollte, denn du bist sicherlich nicht der Erste der nach einer Unterstützung fragt.

Schaffe für den Sponsor entsprechend einen deutlichen Benefit. Weise zum Beispiel schon bei der Einladung zum Stammtisch auf das Sponsoring hin. Ebenfalls kannst du mit dem Sponsor absprechen, ob er bei der Veranstaltung ein paar Sätze sagen darf. Weniger ist hier auf jeden Fall in der Regel mehr, da niemand in der Regel Lust hat auf einen zwei-Stunden-Vortrag. Anderenfalls stoßt einfach bei der ersten Runde Bier auf den Sponsor an, dass passt vielleicht auch besser in die Stimmung.

Ein wichtiger Aspekt bei der Auswahl von Sponsoren ist auch, dass diese es nicht gern sehen, wenn du eine ganze Branche ansprichst. Der Klassiker erst alle Banken ansprechen, danach alle Bäckereien oder alle Autohäuser in deiner Umgebung ist wohl das Schlimmste, was du tun kannst. Mit anderen Worten: Sprich gleichzeitig niemals Konkurrenten an.

Sponsoring ist grundsätzlich auch eine Sache, die geplant werde muss und schon einige Monate im Voraus mindestens beginnt. Von der ersten Ansprache bis zur Vereinbarung vergehen je nach Unternehmen viele Monate. Darüber hinaus musst du auch wissen, dass viele Unternehmen im Jahresplan Aktivitäten setzen für ihre Werbemaßnahmen und darunter fällt auch das Sponsoring von Veranstaltungen. Ein guter Zeitpunkt für eine Anfrage ist demnach der Herbst, wo viele Marketingabteilungen anfangen mit dem Plan für das nächste Jahr. Gleichwohl bedeutet dies, dass kurzfristige Anfragen am Jahresende meist ins Leere laufen, da die Budgettöpfe leer sind.

Am Ende solltest du wissen, dass Sponsoring immer eine Beziehungsarbeit ist und nie aufhört. Vergiss nicht die Nachbetreuung und halte stets konstruktiven Kontakt. Nimm auch Kritik von Sponsoren an, sofern diese nicht grundsätzlich dein Konzept kaputt reden. Dabei achte immer darauf, dass nie ein Abhängigkeitsverhältnis entsteht. Dies ist auf Dauer ungesund und stellt nicht selten ganze Veranstaltungskonzepte vollständig in Frage. Vergiss also nicht, dass Sponsoring am Ende des Tages auf Augenhöhe stattfinden muss, aber mit klar umrissenen Rollen.

Essen und Getränke

Der Mensch liebt Essen und Getränke; genau aus diesem Grund gehört dieses zu einer Zusammenkunft einfach dazu. Doch damit kommen direkt auch schon Fragen nach dem Wie. Dies hängt meist direkt mit dem gewählten Ort zusammen und ist mal einfacher und mal schwieriger zu beantworten, da auch die Finanzierung und Bezahlung damit geklärt werden muss.

Die einfachste Form ist wie im Kapitel Finanzierung beschrieben, wenn einfach jeder selber seine Rechnung bezahlt. Darüber hinaus gibt es auch noch viele Mixformen, so dass jeder das Essen selbst bezahlt, zum Beispiel aber die ersten drei Runden Bier durch einen Sponsor übernommen werden.

Solltest du nicht in einem Lokal sein, so sprich am besten mit dem Besitzer oder den Betriebsleiter an und kläre, welche Optionen zur Verfügung stehen. Diese sollten sich auskennen und dir verschiedene Möglichkeiten durchsprechen.

Kostenlose Verpflegung durch Sponsoring

Teilnehmer freuen sich	⊕⊕
Sponsorenbetreuung	⊖⊖

Kostenlose Verpflegung durch Teilnehmerbeitrag

Teilnehmer freuen sich	⊕⊖
Teilnehmerbeitrag	⊖

Selbstzahler

Aufwand für den Organisator (sehr gering)	⊕⊕
Teilnehmer	⊕⊖
Problem mit Personen, die nicht Zahlen	⊖

Teils-teils

Bei der Option „teils-teils“ gibt es einen Mix, den du als Organisator selber bestimmen kannst und den du einfach von deiner Zeit und vom Aufwand her abhängig machen kannst.

Eine Möglichkeit ist es, dass jeder sein Essen selber bezahlt und ein Sponsor die Getränke des Abends übernimmt. Hier kann es auch Einschränkungen geben, wie zum Beispiel der Sponsor übernimmt die erste Runde an Getränken oder die ersten 10 Liter Bier. Ein paar Dinge solltest du hierbei berücksichtigen und zwar möchte der Sponsor im Regelfall einen Bewirtungsbeleg haben, damit er die Kosten geltend machen kann. Der Bewirtungsbeleg ist ein gesonderter Beleg, der auch in vielen Restaurants beim Personal als „Langer Beleg“ in der Umgangssprache verwendet wird. Achte dabei darauf, dass ab 250 Euro der Gastwirt selbst noch seine Unterschriften leisten muss.

Aufwand für den Organisator	⊕⊖
Teilnehmer	⊕⊖

Anmeldeprozess

Ein Stammtisch lebt von den Gästen und von seiner Verbindlichkeit. Dies bedeutet in manchen Fällen sicherlich einen Spagat, da es zum Zeitgeist dazugehört, sich sämtliche Optionen offen zu halten. Ein gutes Beispiel ist die Facebook-Veranstaltungsfunktion, wo viele Menschen einfach auf „Interessiert" klicken, aber nie vorhaben, bei einer Veranstaltung wirklich teilzunehmen.

Du als Organisator stehst dabei vor einer anderen Herausforderung, denn du willst für deine Gäste einen gewissen verbindlichen Rahmen bieten. Dieser muss für dich gut zu überschauen sein und deinen Zielen entsprechen.

Ich plädiere aus diesem Grund bei allen offenen Veranstaltungen für eine Anmeldepflicht. Bei geschlossenen Formaten, wie zum Beispiel Kartenstammtischen mit fest definierten Mitgliedern, reicht dahingegen eine Abmeldepflicht.

Facebook

Es ist eine einfache Möglichkeit, eine Veranstaltung bei Facebook einzustellen und darüber Zu- oder Absagen zu generieren. Das Problem bei Facebook ist die absolute Unverbindlichkeit und so klicken viele Menschen einfach auf „Interessiert" und werden sich nach dem kurzen Klick nie wieder mit der Veranstaltung beschäftigen.

Trotzdem ist es sinnvoll, eine Veranstaltung für einen Stammtisch in Facebook zu erstellen, doch mit einem anderen Ziel. Am besten ist es, die Facebook-Veranstaltung als eine Art „*save the date*“ anzulegen. So bekommen Interessierte den Termin frühzeitig mit und können sich diesen in ihren persönlichen Kalender übertragen. Darauf explizit in der Ausschreibung hinzuweisen ist dabei sehr hilfreich, denn sonst geht alles am Ende mit den verschiedenen Anmeldelisten durcheinander.

Erstelle für deinen Stammtisch sofern es sich vom Thema und den Personen anbietet auf jeden Fall eine Facebook-Gruppe. Über diese kannst du dann sehr gezielt die anstehenden Veranstaltungen ankündigen.

Eventbrite

Für kostenlose Veranstaltungen ist Eventbrite kostenlos und bietet eine perfekte Umgebung um Veranstaltungen zu managen. Du kannst die Anzahl der Tickets festlegen und auch verschiedene Ticketarten anlegen. Dies ist zum Beispiel besonders hilfreich, wenn du einen gesunden Mix aus Stammgästen und „Neulingen“ haben möchtest. Erstelle einfach zwei Kategorien von Tickets in dem Fall und steuere damit die Anzahl der Gäste.

Ebenfalls sehr nützlich ist die Funktion Gäste von abgelaufenen Veranstaltungen via E-Mailfunktion direkt für neue Veranstaltungen aufmerksam zu machen. Dies übernimmt, wenn du den Prozess anstößt, Eventbrite direkt für dich.

Bei kostenpflichtigen Veranstaltungen übernimmt Eventbrite auch den Bezahlvorgang, doch musst du hier schauen, wann die Gelder ausbezahlt werden. Dies kann im Vorfeld der Veranstaltung zu Liquiditätsengpässen führen, sofern du dies nicht ordentlich berücksichtigst.

Bei Eventbrite kannst du sehr einfach stattgefundene Veranstaltungen kopieren und daraus neue machen. Dadurch ersparst du dir Arbeit.

Xing

Ähnlich wie Eventbrite bietet auch Xing mit seiner Eventplattform einige Möglichkeiten an, um Veranstaltungen zu managen. Der Fokus von Xing liegt dabei sehr stark auf einem Business Fokus und richtet sich primär an Veranstalter von Kongressen, Messen oder Seminaren. Somit kannst du auch über die Xing-Events deine kostenpflichtige Veranstaltung abwickeln.

Meetup

Die Plattform Meetup.com ist in Deutschland eher nicht so bekannt, doch finden sich hier auch schon jetzt eine ganze Reihe von „Gruppen" wieder, die über meetup.com ihre Aktivitäten wie Treffen oder Stammtische organisieren.

Die Plattform richtet sich dabei primär an öffentliche Gruppen und die Anmeldung funktioniert für Teilnehmer mit einem einfachen Klick ähnlich wie bei Facebook. Genau hier tritt dann leider auch die Unverbindlichkeit wieder verstärkt in den Fokus.

Webseite

Eine eigene Webseite zu launchen ist heutzutage in wenigen Minuten erledigt und auch ein entsprechendes Plugin zu installieren ist mit überschaubarer Arbeit erledigt. Die Frage, die sich jeder Organisator hierbei aber stellen sollte ist, ob sich der Aufwand lohnt. Denn die Webseite produziert regelmäßig Wartungsaufwand, Anmelde- und Kontaktformulare müssen ständig aktualisiert werden, da sie sonst ein Einfallstor für Hacker sind.

Ebenfalls benötigt es ein Impressum und damit einen Verantwortlichen. Ebenfalls dürfen Regelungen zum Datenschutz nicht fehlen. Die Punkte fallen zwar auch bei der Nutzung separater Dienstleister an, doch haben diese ein eigenes Interesse ihre Nutzer in diesen Fragen zu betreuen.

Ohne Werbung wird deine Veranstaltung nicht funktionieren und gerade am Anfang wird dein Vorhaben sicherlich kein Selbstläufer sein.

Der einfachste Weg ist, in drei oder vier Sätzen einmal aufzuschreiben, was Sinn und Zweck deiner Veranstaltung ist. Mit dieser Kurzbeschreibung sprich einfach aus deinem Freundes- und Bekanntenkreis zwanzig bis dreißig Leute an und erzähle ihnen in einer E-Mail, via WhatsApp oder über Social Media, was du vorhast und ob sie Interesse hätten, mit dabei zu sein. Zu diesem Zeitpunkt solltest du schon einen Termin für dich festgesetzt haben, den du auf Nachfrage oder bei Interesse direkt weitergibst.

Vergiss bitte alle Berater die sagen, dass du eine Facebook-Seite oder Gruppe, ein ausgetüfteltes System an Xing-Veranstaltungen oder Meetup-Gruppen direkt zu Anfang haben musst. Dies alles brauchst du in der Regel nicht für deine erste Veranstaltung – außer dich reitet ein gewisser Größenwahn. Wenn du fünf bis zehn Menschen motivieren kannst, bei deiner ersten Veranstaltung wirklich vor Ort mit dabei zu sein, dann hast du den ersten Schritt getan und kannst schrittweise deine Professionalisierung ausbauen.

Das bedeutet, dass du am Anfang weder Logo, noch T-Shirts oder ein Roll-Up benötigst. Wahrscheinlich ist sogar noch nicht einmal ein Veranstaltungsname notwendig, um deinen ersten Stammtisch zu starten. Dies kannst du bei Bedarf alles im weiteren Verlauf organisieren.

Aus der Erfahrung heraus bietet es sich im weiteren Verlauf an, eine Multi-Kanal-Strategie zu fahren und trotzdem einen Hauptkanal festzulegen. Dies bedeutet, dass es nur einen Kanal (z. B. Eventbrite) gibt an dem man sich anmelden kann, aber mehrere Kanäle (z. B. Newsletter, Facebook-Gruppe etc.) auf denen die nächsten anstehenden Termine beworben werden.

Ein guter Ort, alle Interessierten zusammenzuhalten und zu informieren ist für viele Bereiche eine geschlossene Facebook-Gruppe. Diese ist in wenigen Minuten eingerichtet und du behältst die Kontrolle über die Nutzer, die in die Gruppe möchten. Hier gibt es die Möglichkeit auch bei Facebook einzustellen, dass potentielle Gruppenmitglieder Fragen beantworten müssen. So kannst du direkt erfragen, warum sie dabei sein möchten. Aus dieser Gruppe heraus kannst du ebenfalls sehr einfach eine Veranstaltung erstellen, um auf die nächsten Termine hinzuweisen. Achte dabei darauf, dass diese Art von Veranstaltungen von Nutzern nicht wirklich ernst oder als verbindlich wahrgenommen werden. Nutze diese Möglichkeit vielmehr, um rechtzeitig Interessierte darauf aufmerksam zu machen, den Termin in ihren primären Kalender zu überführen.

Je nach Zielgruppe ist es ebenfalls notwendig, auf Xing oder bei Meetup noch darüber hinaus auf die Veranstaltung. Gleiches gilt später auch für eine Homepage oder einen Newsletter. Beachte hier ebenfalls den Arbeitsaufwand, der mit jeder weiteren Plattform steigt. Versuche dabei darauf zu achten, interessierte Menschen auf einem Kanal zu bündeln.

Sofern du zur Registrierung Eventbrite oder ein ähnliches Tool einsetzt, solltest du ab der zweiten Veranstaltung von der Möglichkeit Gebrauch machen, die Teilnehmer der ersten bzw. der vorherigen Veranstaltungen auf neue Termine aufmerksam zu machen. Es ist viel einfacher, ehemalige Teilnehmer zu begeistern, als neue zu gewinnen.

Vorbereitung

Jetzt wird es konkret und hier fängt nach den vielen Überlegungen die systematische Arbeit an, um den ersten und hoffentlich auch viele weitere Stammtische durchzuführen.

Aufgabenverteilung

Im besten Fall hast du verschiedene Mitstreiter, auf die du die Aufgaben verteilen kannst. Für die meisten Formate benötigst du nur wenig Helfer und viele Sachen kannst du notfalls auch alleine machen. Klassische Aufgaben, die verteilt werden können sind:

Raumorganisation

Derjenige reserviert den Raum und ist bei der Veranstaltung auch erster Ansprechpartner für Gastgeber oder Kellner.

Registrierung

Die Person kümmert sich um das Anmeldeverfahren, sowohl im Vorfeld, wie auch vor Ort –

gegebenenfalls mit einer Teilnehmerliste und Namensschildern.

Organisator

Selbst wenn du die Veranstaltung im Team organisierst, brauchst du für die einzelne Veranstaltung eine Person, der die Begrüßung macht und durch das Programm führt. Es ist möglich, dies von Veranstaltung zu Veranstaltung zu ändern, doch pro Veranstaltung kann es immer nur eine Person geben.

Fotograf

Sofern du nicht ein Selfie machen willst und es dir reicht, zwischendurch drei Fotos zu machen, finde jemanden, der an dem Abend das Gruppenfoto und fünf bis zehn weitere Fotos macht. Der Fotograf sollte dabei nicht aufdringlich sein und in vielen Fällen reicht auch eine kleine Auswahl an Fotos, so dass derjenige auch normal als Teilnehmer bei der Veranstaltung mit dabei sein kann.

Technik

Falls dein Format einen Vortrag beinhaltet, so habe jemanden an der Hand, der im Hintergrund mit dem Vortragsredner die Technik einstellt während du und die anderen Gäste sich kennenlernen und miteinander ins Gespräch kommen.

Sponsoring

Solltest du dich für ein Sponsoring entscheiden, so brauchst du mindestens eine Person, die Lust hat, die Sponsoren zu betreuen und den Kontakt zu halten. Die Arbeit hier fängt meist weit vor der Veranstaltung an und ist mit Veranstaltungsende noch nicht vorbei.

Mit dieser Aufteilung sind die Aufgaben bei einer Veranstaltung sinnvoll verteilt. Halte diese am besten schriftlich fest.

Namensschilder

Ein gutes Namensgedächtnis hat leider nicht jeder und so solltest du dir überlegen, ob du für die Veranstaltung Namensschilder vorbereitest oder vor Ort erstellst. Eine Pflicht für Namensschilder gibt es aus meiner Sicht nicht und es gibt auch viele Veranstaltungen, die ganz ohne auskommen. Solltest du dich aber dafür entscheiden, habe ich noch ein paar Gedanken, die ich dir mit auf den Weg geben möchte.

Es gibt dabei mehrere Möglichkeiten vorzugehen und verschiedene Faktoren, die eine Rolle spielen: Das Material, der Stil und auch die mögliche Beschädigung der Kleidung durch Anstecker oder ähnliches und die Kosten für die Aktion sind einige davon. Mit Abstand am günstigsten ist sicherlich das Kreppband, das noch von der letzten Renovierung übriggeblieben ist. Dazu ein Edding oder einen anderen, am besten dunklen und dickeren Stift, um vor Ort die Namensschilder zu machen.

Bei allen Varianten bei denen ein Edding eingesetzt wird, muss auch darauf geachtet werden, dass nicht jeder eine lesbare Handschrift hat. Hier gilt es dann noch abzuwägen, ob sich ein Helfer findet, der die Namensschilder schreibt oder ob es jedem selbstüberlassen ist. Meiner Erfahrung nach ist es wesentlich besser, wenn die Namensschilder von einer Person mit lesbarerer Handschrift geschrieben werden, da es doch einige gibt, die sich für ihre schlechte Handschrift schämen. Das Anfertigen der Namensschilder kann dabei geschickter Weise auch Teil des Ankommens sein, um sich in das Treffen einzufinden.

Am besten geeignet sind Stoffetiketten, da diese sich meist gut auf Hemden, Jacketts und Blazer anbringen lassen, ohne den Stoff zu beschädigen. Gerade für Veranstaltungen, bei denen Teilnehmer direkt aus dem

Büro kommen, ist dieses Material von Vorteil.

Eine weitere Frage, die du dir stellen solltest ist die, ob es nicht klüger ist, die Namensschilder für deine Veranstaltung erst vor Ort zu erstellen. Wie beschrieben benötigst du dann zwar einen Helfer mit einer guten Handschrift, doch der Vorteil liegt darin, dass du im Vorfeld keine Etiketten drucken musst. Gerade bei Zu- und Absagen verändert sich eventuell kurz vorher noch etwas und für diesen Fall musst du ja auch Vorsorge tragen. Dies bedeutet, dass es eventuell viel einfacher ist, das Thema vor Ort zu klären oder Stoffetiketten mit zur Veranstaltung zu bringen. Die Stoffetiketten sind dabei im Übrigen bei Veranstaltungen ohne Business-Charakter zu bevorzugen im Gegensatz zu Veranstaltungen, wo professionelle Namensschilder mit Halterung erwartet werden.

Übersicht

Variante	Kosten	Aufwand	Stil	Beschädigung
Kreppband, Beschriftung mit Edding	0,05 €	●○○	handmade	●●●
Papieretiketten, Beschriftung mit Edding	0,12 €	●○○	handmade	●●●
Papieretiketten, Beschriftung mit Drucker	0,15 €	●●○	professionell	●●●
Stoffetiketten, Beschriftung mit Drucker	0,20 €	●○○	handmade	●○○
Stoffetiketten, Beschriftung mit Edding	0,15 €	●○○	professionell	●○○
Namensschilder (gedruckt) mit Nadel oder Clip	0,15 €	●●●	professionell	●●○
Namensschilder (gedruckt) mit Magnet	2,70 €	●●●	professionell	●○○

Durchführung

Ankunft

Du hast sicherlich schon viel erledigt und gerade für die erste Veranstaltung ist einiges an Aufwand notwendig. Es wird sich lohnen, doch kurz vor der Veranstaltung musst du noch ein wenig mehr Zeit investieren und – so viel sei gesagt – sicherlich auch noch ein wenig Geduld mitbringen.

Plane unbedingt eine halbe Stunde oder noch besser eine volle Stunde Zeit vorher ein. Auf fünf Minuten kommt es zwar bei deiner Veranstaltung sicherlich nicht an, doch es ist egal, ob deine Veranstaltung im Wirtshaus stattfindet, es sich um ein privates Treffen handelt oder in einem Unternehmen abgehalten wird; es wird von dir erwartet, dass du der Erste bist, der da ist und die letzten Entscheidungen steuerst. Bei der Fortsetzung deiner Veranstaltung kannst du sicherlich jemand anderen für diese Aufgaben gewinnen.

Sobald du ankommst, solltest du prüfen, ob der Eingang offen ist und ob der Veranstaltungsort auch von jedem Deppen gefunden werden kann. Es hilft auch ein Blick auf den Handyempfang, denn im Notfall werden die Teilnehmer versuchen, dich anzurufen. Schau dich also am besten vor Ort noch einmal um und überlege dir eine Notfallstrategie, um die Leute zu dir an den Platz zu lotsen. Oft hilft es im Übrigen nicht, sich darüber viel früher Gedanken zu machen, denn es gibt so viele Dinge, die ungeplant entstehen – wie zum Beispiel die plötzliche Baustelle vor dem Café, die selbst den Besitzer überrascht, bis zu einem Lieferwagen, der den Eingang verdeckt. Als absolut hilfreich hat sich dabei erwiesen, bei der Ankunft gleich einmal ein Foto in die Facebook oder WhatsApp-Gruppe zu posten und so nicht nur an die Veranstaltung erinnern, sondern auch einen Hinweis zur Anreise zu geben.

Bedienung

Direkt nach deiner Ankunft suche auch direkt den Kontakt zu der Bedienung und kläre die wichtigsten Punkte für den Abend.

- Ist die Reservierung auf dich persönlich, mit deinem Namen oder mit dem Namen der Veranstaltung hinterlegt? Sollte nur dein Name im Reservierungsbuch stehen, informiere unbedingt die Kellner darüber, dass die Gäste gegebenenfalls nach dem Veranstaltungstitel fragen. Falls du dies nicht tust kann es passieren, dass die Kellner Personen unwissentlich abweisen.
- Kläre auch unbedingt die Modalitäten, zum Beispiel, dass jeder Gast einzeln zahlt, ab. Dies magst du zwar schon bei der Reservierung angegeben haben, doch die Information ist vielleicht nicht bei der Servicekraft angekommen.
- Verabrede auch mit dem Service, wann ein guter Zeitpunkt ist, um Essensbestellungen aufzunehmen. Die Vereinbarung kann auch sein, dass du dem Service eine kurze Information oder ein Zeichen erteilst.

Begrüßung

Dir obliegt es als Organisator an diesem Abend, auch die Begrüßung durchzuführen. In der Regel gibt es zwei unterschiedliche Begrüßungen, eine direkt bei der Ankunft der Gäste, verbunden mit einem lockeren Smalltalk. Später folgt eine offiziellere Begrüßung.

Achte bei der ersten Begrüßung darauf, den Teilnehmern wichtige Informationen zu geben, zum Beispiel, dass jeder selbst zahlt oder für Bestellungen einfach auf den Kellner zugegangen werden darf. Da eventuell viele Gäste gleichzeitig kommen, ist auch ein bewährtes Mittel, die ersten Gäste zu bitten, die Informationen direkt an die Nachkommenden weiterzugeben.

Die offizielle Begrüßung folgt meist, nachdem alle ihr erstes oder zweites Getränk erhalten haben und ein Großteil der Gäste angekommen ist. Dabei gibt es verschiedene Möglichkeiten, sich vorzustellen. Wichtig sind dabei eigentlich folgende Aspekte:

Wer bist du und warum redest du?

Für dich ist es zwar selbstverständlich, dass du der Organisator bist, aber vielleicht hat dies nicht jeder mitbekommen. An dieser Stelle darfst du gern in ein bis drei Sätzen Werbung für dich machen.

Wo seid ihr?

Einfach noch kurz erwähnen, in welchem Lokal ihr seid und was der Hintergrund ist. Es braucht keine lange Geschichte, doch für Neulinge ist das vielleicht spannend. Falls ihr zu Gast bei einer

Firma seid, so ist hier auch die passende Stelle, um den Gastgeber zu begrüßen, sich zu bedanken und zu klatschen.

Warum seid ihr alle hier?

Erzähle hier etwas über deine Idee der Veranstaltung. Hier geht es schlicht um die Ziele und die Gedanken, die du hattest, als du die Veranstaltung ins Leben gerufen hast. Netzwerken, Fachaustausch oder Freunde finden können Stichpunkte sein. Erzähle es auch wenn es doof klingt bitte auch noch bei der zweiten, fünften und klar auch noch bei der 15. Veranstaltung. Nimm dir immer einen kurzen anderen Aspekt heraus, denn so wird es für Stammgäste nie langweilig und die Idee festigt sich.

Was passiert heute noch?

Gib einen kurzen Abriss über den Ablauf des Abends. Hier gehören ganz kurz auch noch organisatorische Punkte mit dazu. Falls du den Termin für die nächste Veranstaltung schon weißt, so teile diesen an dieser Stelle mit und informiere darüber, dass du ihn in den nächsten Tagen noch veröffentlichen wirst. Eine weitere Möglichkeit ist hier auch, die Leute zu bitten, ihre Smartphones herauszuholen und sich direkt den nächsten Termin einzuspeichern.

Solltet ihr an dem Abend Fotos machen, so ist hier ein Hinweis angebracht. Teile den Anwesenden mit, was mit den Fotos passiert.

Ritual

Es ist kaum zu glauben, aber selbst bei kreativen und flippigen Menschen ist es so, dass diese gern einen festen Ablauf haben. Um eine Gruppe langfristig aneinander zu binden, ist es absolut hilfreich, sich in gewisser Form ein oder zwei Rituale auszudenken.

Es geht dabei heutzutage nicht mehr unbedingt darum, auf Blutsbrüderschaft zu trinken oder alle Neulinge explizit vorzustellen, sondern es kann sich einfach um den festen Ablauf der Veranstaltung, mit ein bis zwei gesetzten Programmpunkten handeln.

Bewährt hat sich dafür zum Beispiel, den Zeitpunkt der Ansprache immer gleich zu setzen. Immer ca. eine halbe Stunde nach Veranstaltungsstart oder nachdem der Großteil das zweite Bier in der Hand hält. Solltet ihr gemeinsam Essen, so bietet es sich ebenfalls an, nach dem Essen ein Gruppenfoto zu machen. Nach dem Foto kann dann auch die unmittelbare Aufforderung geäußert werden, dass jeder der möchte, sich gerne noch einmal umsetzen darf, um auch mit anderen Teilnehmern ins Gespräch zu kommen.

Spielchen

Bei manchen Veranstaltungen überlegen die Organisatoren sich zur Aufheiterung der Stimmung zwischendurch noch das ein oder andere Spielchen. Dies kann dazu dienen, die Teilnehmer nach einer gewissen Zeit noch einmal zu durchmischen, aber auch einfach dazu, noch ein wenig Programm zu bieten.

In der Regel kommen Spiele bei den Teilnehmern nicht so gut an, wenn es sich um Erwachsene handelt. Überlege dir also gut, ob du für die Moderation einer solchen Sache in der Lage bist und ob deine Methode zur Stimmung und den Teilnehmern passt. Wichtig dabei ist natürlich auch, dass es sich nur um eine kurze Aktion handeln sollte, die wenig Vorbereitung benötigt.

Namensschilder

Das Thema Namensschilder hatten wir schon ausführlich behandelt. Ein kleiner Tipp noch für die konkrete Umsetzung: Solltest du einen Edding verwenden, um die Schilder vor Ort zu erstellen, so achte darauf, dass eine Unterlage, wie z. B. ein Blatt Papier, verwendet wird.

Teilnehmerliste

Gerade bei einem offenen Format, zu dem sich jeder anmelden kann und es vielleicht auch nur begrenzte Plätze gibt, ist es gut, wenn es eine Teilnehmerliste gibt. Das Abhaken der Teilnehmer ist dabei eher als symbolischer Akt anzusehen, wenngleich dies natürlich nicht angesprochen wird. Der Vorteil einer Teilnehmerliste ist vor allem darin zu sehen, dass ein Haken gesetzt wird oder eine Unterschrift geleistet wird und dadurch die Verbindlichkeit und Seriosität der Veranstaltung unterbewusst bei den meisten Teilnehmern steigt. Darüber hinaus hilft dir die Teilnehmerliste auch im Nachgang zu schauen, wer wirklich da war bzw. wie groß die No-Show-Rate war.

Gerade in mittelgroßen Gruppen mit 12 bis 30 Personen ist es sehr beliebt, die Teilnehmerliste zwischendurch einmal herum gehen zu lassen. Auf diese Weise beteiligt man die Menschen bei der Veranstaltung ein wenig und der ein oder andere wird auch noch einmal neugierig auf die Namen schauen, um seinen Nachbarn richtig anzusprechen und/oder kennenzulernen.

Um keine Diskussion rund um das Thema Datenschutz zu entfachen, ist es absolut hilfreich, wenn auf der Namensliste nur Vor- und Zuname der Teilnehmer stehen. Weitere Angaben gehören nicht auf diese Liste, obwohl ihr diese vielleicht während der Anmeldung abgefragt habt.

Plätze freigeben

Angenommen, ihr seid in einem gut besuchten Lokal und habt für 20 Personen Sitzplätze reserviert, doch du weißt schon zu Beginn der Veranstaltung, dass leider nur 15 Personen kommen werden. Nutze die Chance und sprich dies direkt beim Kellner an und gib die Plätze wieder frei. Für die Lokale ist dies die einfachste Möglichkeit, um an diesem Abend noch Geld zu verdienen und für dich ist es ein fairer Zug, damit ihr auch noch einmal wiederkommen dürft. Gleichfalls sieht es auch für den Teilnehmer seriöser aus, wenn sich keine großen Lücken am Tisch ergeben.

Gleiches gilt auch für den Fall der No-Shows, die sich nach einer halben Stunde abzeichnen. Wenn der Start der Veranstaltung um 19 Uhr ist und um 19.30 Uhr immer noch Personen fehlen, so solltest du dich auch darum kümmern, dass diese Plätze für andere Gäste freigegeben werden. Notfalls müssen sich Nachzügler ein wenig an die bestehenden Tische quetschen und beim nächsten Mal sollen sie dir kurz eine Nachricht schreiben, dass sie sich verspäten.

Je nachdem, wie das Setting im Übrigen aufgebaut ist, kannst du auch selbst dafür Sorge tragen, dass Tische freigegeben werden. Eine lange Tischreihe kann einfach aufgelöst werden, indem der letzte Tisch abgerückt wird. Oder wenn Schilder mit der Reservierung aufgestellt sind, so entferne sie einfach selbst von den freizugebenden Tischen.

Ende

Falls du einen lockeren Veranstaltungstyp gewählt hast, bist du nicht unbedingt verpflichtet, als letzter die Veranstaltung zu verlassen. Wichtig ist aber, dass geklärt ist, dass beim Kellner am Ende alle Getränke bezahlt sind. Hier reicht ein Hinweis an die Gäste, die vielleicht noch ihr Gespräch weiter vertiefen wollen. Alternativ sprich einfach eine Person an und benenne diese Person nach Absprache für die Gäste als Ansprechpartner.

Wenngleich du nicht der letzte Gast an diesem Abend oder Morgen bist, so bedanke dich doch immer beim Kellner.

Zeche prellen

Gerade für neue Teilnehmer des Stammtisches oder deiner Veranstaltung ist nicht immer klar, wie es mit der Bezahlung von Getränken oder Essen funktioniert und selbst, wenn du vorher und bei der Begrüßung einen Hinweis dazu gegeben hast, ist das keine Garantie dafür, dass am Ende keine offenen Posten auf der Rechnung zu finden sind.

Zum einen ist es wichtig, die offenen Posten mit dem Servicepersonal durchzugehen, es kommt auch schon einmal vor, dass dieser Tische durcheinandergebracht hat. Da steht ein Schnitzel auf der Rechnung, aber ihr hattet im Nachmittagscafé nur Kuchen. Dies sind natürlich Punkte, wo ihr ins Gespräch einsteigen müsst. Absoluter Tipp ist dabei, ruhig zu bleiben.

Es hilft auch, die Abrechnung nicht erst ganz zum Ende zu prüfen, sondern dann, wenn noch mindestens ein Viertel der Gäste da ist. So kannst du einfach in die Runde fragen und manches Missverständnis löst sich ganz von allein. In der Regel ist es so, dass nicht nur du die offenen Positionen bezahlst: Wenn du eine Transparenz schaffst, so wird oft von den Teilnehmern angeboten, dass die noch fehlenden Speisen und Getränke gemeinsam beglichen werden.

Nachbereitung

Dein erster Stammtisch war hoffentlich ein voller Erfolg und die Gäste allesamt zufrieden. Im Nachgang steht für den Organisator leider noch ein wenig Arbeit an, denn nach einem Stammtisch ist quasi schon wieder davor.

No-Shows

Personen, die ohne Absage kommen oder sich jedes Mal auf die Teilnehmerliste setzen lassen, um dann eine Stunde vor der Veranstaltung festzustellen, dass sie doch keine Zeit haben, sind ärgerlich.

Doch wie geht man mit diesen Personen eigentlich um? Absolut bewährt hat sich, diese Personen kurz anzuschreiben. „Hey, gestern war unser Stammtisch und leider warst du nicht da. Das kann passieren, doch melde dich beim nächsten doch bitte kurz, wenn du verhindert bist. Eine kurze Nachricht reicht und wäre für uns sehr hilfreich, denn wir hätten deinen Platz gerne jemand anderem angeboten. Gruß".

In dieser oder ähnlicher Form reicht eine kurze Nachricht aus und du wirst in der Regel damit Erfolg haben.

Veranstaltungshinweis

Direkt nach der Veranstaltung ist die Euphorie meist groß bei den Teilnehmern. Nutze diese Euphorie und weise in deiner Kommunikation auf die nächste Veranstaltung hin. Du brauchst an dieser Stelle noch keinen genauen Ort zu benennen, doch Uhrzeit und Tag sind wichtig – zusammen mit der direkten Aufforderung, dass die Menschen sich den Termin am besten gleich in den Kalender schreiben.

Fotos posten

Die von der Veranstaltung entstandenen Fotos müssen direkt nach der Veranstaltung gesichtet und publiziert werden. Nichts ist ärgerlicher, als eine oder zwei Wochen später erst die Fotos zu bekommen. Dabei bietet es sich trotzdem an, die Fotos ein wenig zeitversetzt zu veröffentlichen. Als Faustregel gilt in etwa ein halber Tag, wobei das Veröffentlichen der Fotos zu spät am Abend, also nach 20 Uhr, auch nicht sinnvoll ist.

Die Zeitversetzung sollte aus dem Grund erfolgen, dass eine direkte Veröffentlichung nicht so stark wahrgenommen wird, da die beteiligten Menschen ja im besten Fall nicht an ihren Smartphones spielen, sondern miteinander im Gespräch sind.

Veröffentlicht wird zumindest das Gruppenfoto auf deinen verschiedenen Social Media Profilen, wie zum Beispiel auch in dazugehörigen Gruppen. Falls mehr Fotos entstanden sind, überlege dir auf jeden Fall, ob alle Fotos an allen Orten veröffentlich werden oder zum Beispiel nur das Gruppenfoto öffentlich genutzt wird und die weiteren Fotos in der zur Veranstaltung gehörenden Gruppe auf Facebook oder bei Xing gezeigt werden.

Umgang mit Kritik

Sobald du anfängst, eine Veranstaltung zu organisieren, musst du dir darüber im Klaren sein, dass du, ohne zwangsläufig etwas falsch gemacht zu haben, die ersten Kritiker ertragen musst.

Achte darauf, dass du auf die konstruktiv positiven Stimmen hörst, aber ignoriere die Dummschwätzer und falschen Ideengeber. Viele Menschen haben die Eigenart, dumme Tipps zu geben, die überhaupt nicht realistisch oder umsetzbar sind.

Darüber hinaus gehört es einfach dazu, auch Dinge zu ertragen, die vielleicht richtig sind, aber den Arbeitsaufwand sprengen. So bekommst du sicher schnell Tipps, dass es doch zum Beispiel möglich sein müsste, noch ein paar Sponsoren zu finden, damit das Bier kostenfrei wird. Oder es wird angeregt, dass man auch mal eine Reise mit dem Stammtisch machen kann und du jetzt dafür zuständig bist, ein Angebot im Reisebüro anzufragen. Dies sind zwar nette Ideen, aber leider überhaupt nicht konstruktiv und werden vor allem von Menschen geäußert, die keine Idee davon haben, wie viel Aufwand in der Organisation steckt.

Anders hingegen ist Feedback zum Beispiel zur Begrüßung und zum Ablauf der Veranstaltung. Höre dir dieses Feedback an und bewerte es, stelle dabei unbedingt Rückfragen und setze diese zu deinem bisherigen Konzept in Relation. So findest du heraus, in wie fern dein Gegenüber wirklich an einer Verbesserung interessiert ist. In vielen Fällen erweist sich das Gespräch darüber als konstruktiv und wertvoll.

Ein Tipp an dieser Stelle noch: Diejenigen, die konstruktiv mitdenken und Vorschläge machen, sind eventuell auch geeignete Kandidaten, um dir in Zukunft Aufgaben in der Organisation abzunehmen.

Beratung
Vorträge
Workshops
Interimsmanagement
www.lesting.org

Lesting
Media & Consulting

Über den Autor

Stefan Lesting ist von Haus aus Experte in den Themenfeldern Marketing und Strategieentwicklung. Als Unternehmensberater bietet er mit seiner Firma: „Lesting Media & Consulting“ Unterstützung bzgl. verschiedenster Fragestellungen im Bereich des digitalen Wandels in der Unternehmenskultur, der Digitalisierung von Prozessen sowie bei Themen der Reichweitensteigerung.

In seiner Freizeit engagiert sich Lesting in verschiedenen Gremien, wie z. B. der Steuerungsgruppe des Kölner Netzwerks Bürgerengagement der Stadt Köln. Zudem trägt er Mandate in verschiedenen Vereinen, aus dessen jahrelanger Arbeit er viele erfolgreiche Methoden in die Organisation von Stammtischen, wie dem Social Media Stammtisch Köln, einbringen konnte.